BEM-VINDO AO JOPE

JEJUM – ORAÇÃO – PALAVRA - EVANGELISMO

O JOPE é uma ação da ADI – Ministério Independência com Cristo e pode ser praticado por qualquer pessoa que queira dedicar-se a autodisciplina através do jejum, comunhão com Deus pela oração, crescimento espiritual através da leitura bíblica e evangelismo como missão cristã.

JOPE é uma jornada de fé para pessoas que almejam viver o sobrenatural de Deus. Nesse volume o tema será **EU SOU ABENÇOADO**:

- Base bíblica em Gênesis 12.2,3: *Os seus descendentes vão formar uma grande nação. Eu o abençoarei, o seu nome será famoso, e você será uma bênção para os outros. 3 Abençoarei os que o abençoarem e amaldiçoarei os que o amaldiçoarem. E por meio de você eu abençoarei todos os povos do mundo.*

O JOPE é uma jornada de cinquenta dias de batalha espiritual, esforço coletivo, comprometimento e foco nos propósitos estabelecidos pelo Ministério Independência com Cristo e em propósitos pessoais específicos, na esperança de receber de Deus uma boa resposta ao nosso clamor. Pastor Agnaldo Almeida.

Índice

Significado da palavra JOPE

Jejum

Jejum significa abstenção de alguma coisa. Embora a palavra jejum esteja sempre associada a comida, há outras coisas que nos dominam e que através do jejum nos libertamos desse poder, para nos submetermos ao domínio de Cristo. O jejum é uma das mais eficazes ferramentas espirituais quando associado a oração.

Jejue com propósito para a sua renovação espiritual, por direção, cura, solução dos problemas, graça especial para enfrentar uma situação difícil. Peça ao Espírito Santo que mostre claramente a sua direção e os objetivos para o seu jejum e oração. Isto irá capacitá-lo a orar mais específica e estrategicamente.

Através do jejum e da oração, nós nos humilhamos perante Deus de tal forma que o Espírito Santo irá avivar o nosso espírito, despertar as nossas igrejas e sarar a nossa terra de acordo com II Crônicas 7.14. Prepare-se espiritualmente. O fundamento básico do jejum e oração é o arrependimento. Pecados não confessados irão bloquear as suas orações.

Deus haverá de honrá-lo pela sua fidelidade. Eu o encorajo a juntar-se a nós no jejum e na oração, uma vez após outra, até que nós experimentemos verdadeiramente um reavivamento em nossas casas, nossas igrejas, nossa Nação amada e em todo o mundo

Oração

Durante os cinquenta dias somos desafiados a orar todos os dias por um período de pelo menos 30 minutos. A igreja estará aberta todos os dias no horário das 7 horas, de segunda a sábado e às 8 horas no domingo para aqueles que desejam orar coletivamente. Os que não puderem vir a igreja poderão orar em suas casas.

A oração é o ato de dirigir à Deus súplicas em seu favor ou de outrem. Quando você ora com fé, Deus responde suas orações. *A oração é como uma semente de um fruto precioso plantada no solo, depois de determinado tempo ela brota, cresce e dá bons frutos.*

Em II Crônicas 7.14 o Senhor Deus diz: *se o meu povo, que pertence somente a mim, se arrepender, abandonar os seus pecados e orar a mim, eu os ouvirei do céu, perdoarei os seus pecados e farei o país progredir de novo.* Se você crê nessa palavra, eu te convido a orar conosco pelos propósitos ministeriais que apresentamos. A oração tem um grande poder no mundo espiritual, quando um crente ora o resultado é tremendo, agora imagine muitos crentes orando pelos mesmos propósitos, quão tremendo serão os resultados.

Áreas ministeriais pelas quais iremos orar

1º) Mover sobrenatural do Espírito Santo.

Busca, ativação, reativação de dons espirituais e plenitude do Espírito sobre a igreja. Somente o Espírito Santo é capaz de tornar a igreja poderosa, atrativa e cheia de pessoas.

- ✓ Atos 2.17,18: *"É isto o que eu vou fazer nos últimos dias – diz Deus -: Derramarei o meu Espírito sobre todas as pessoas. Os filhos e as filhas de vocês anunciarão a minha mensagem; os moços terão visões, e os velhos sonharão. 18 Sim, eu derramarei o meu Espírito sobre os meus servos e as minhas servas, e naqueles dias eles também anunciarão a minha mensagem.*

2º) Unidade e comunhão.

Que haja em nós o mesmo sentimento que houve em Cristo Jesus e que o Salmo 133 seja uma realidade em nossa comunidade. A igreja é como um prédio onde todas as partes são importantes e contribuem para a sua edificação. Comunhão é trabalhar em conjunto pelos mesmos objetivos; Unidade é ser um, único. Salmos 133.1: *Como é bom e agradável que o povo de Deus viva unido como se todos fossem irmãos!*

- ✓ Efésios 2.20,22: *Vocês são como um edifício e estão construídos sobre o alicerce que os apóstolos e os profetas colocaram. E a pedra fundamental desse edifício é o próprio Cristo Jesus. 22 Assim vocês também, unidos com Cristo, estão sendo construídos, junto com os outros, para se tornarem uma casa onde Deus vive por meio do seu Espírito.*

3º) Expansão da igreja e Obreiros.

Oremos pelos membros atuais e futuros, por novos núcleos de discipulado, por novos batismos, vidas restauradas e transformadas, curas, milagres e maravilhas que promovam o crescimento quantitativo da nossa família na fé. Nós desejamos que a igreja cresça e tenha muitos membros e obreiros que ajudem no processo de acolhimento, ensino e preparação dos novos membros. Jesus disse que devemos orar ao Senhor e pedir que envie obreiros.

✓ Mateus 9.35-38: *Jesus andava visitando todas as cidades e povoados. Ele ensinava nas sinagogas, anunciava a boa notícia sobre o Reino e curava todo tipo de enfermidades e doenças graves das pessoas. 36 Quando Jesus viu a multidão, ficou com muita pena daquela gente porque eles estavam aflitos e abandonados, como ovelhas sem pastor. 37 Então disse aos discípulos: — A colheita é grande mesmo, mas os trabalhadores são poucos. 38 Peçam ao dono da plantação que mande mais trabalhadores para fazerem a colheita.*

4º) Sede Social Bico da Águia.

Reforma e construção de novos espaços; pelos eventos que serão realizados no local; por recursos para investimento no local. Esse é um lugar preparado por Deus. Quando Moisés dizia ao povo que eles irão morar numa terra que mana leite e mel, muitos duvidaram e pereceram pelo caminho, mas a geração dos que creram, depois de 40 anos de peregrinação colocaram seus pés na terra prometida. A Sede Social é um projeto para o futuro da ADI e seus membros. Sejamos como Calebe e Josué, vamos tomar posse das promessas de Deus.

✓ Números 14.24 - *Mas o meu servo Calebe tem um espírito diferente e sempre tem sido fiel a mim. Por isso eu farei com que ele entre na terra que espionou, e os seus descendentes vão possuir aquela terra.*

5º) Bênçãos e prosperidade.

Provisões e riquezas, portas abertas sobre o Ministério Independência com Cristo e na vida dos seus filhos. Em tempos de abundância é muito fácil orar por prosperidade, mas o que aumenta a nossa fé é orar pedindo prosperidade quando há escassez. Quando o povo de Deus clama, o Senhor responde suas orações com provisões. A nossa oração é para que a Igreja seja o reflexo da vida abençoada que tem seus membros. Quando oramos pela nossa igreja, atraímos as bênçãos da casa sobre todos.

✓ Ageu 2.7-9: *Vou fazer com que tremam todas as nações, e as suas riquezas serão trazidas para o meu Templo aqui em Jerusalém. E assim encherei o meu Templo de beleza. 8 Toda a prata e todo o ouro do mundo são meus. 9 Então o novo Templo será ainda mais belo do que o primeiro, e dali eu darei prosperidade e paz ao meu povo. Eu, o SENHOR Todo-Poderoso, falei.*

Palavra & Evangelismo

Para cada dia será disponibilizado um texto bíblico para ser lido e meditado. A leitura pode ser individual ou com outras pessoas. Cada vez que lemos os textos sagrados aprendemos mais de Deus e crescemos espiritualmente. A leitura poderá ser feita em qualquer local, casa, trabalho, escola, hospital, condução, etc. O propósito é que durante os cinquenta dias possamos compartilhar a Palavra de Deus com outras pessoas.

Ao ler a passagem bíblica diária, responda as seguintes perguntas:

- O que eu entendi ao ler o texto sagrado?
- Algum mandamento específico que eu devo obedecer?
- Algum pecado que eu devo abandonar?
- Qual a aplicação dessa passagem para a minha vida hoje?

Lembre-se que evangelizar é anunciar boas novas. Então, vamos falar sobre o que Deus tem feito por nós e o que Deus pode fazer na vida daqueles que se entregam a Ele. Disponibilizamos para cada dia uma mensagem bíblica para você compartilhar com as pessoas. A Bíblia por si fala aos pecadores e comove corações em direção à Deus, isso é evangelismo 100% bíblico.

Você não terá que se preocupar em responder questões difíceis ou elaborar um estudo bíblico para aplicar em sua reunião. O JOPE é o primeiro passo para aproximar alguém da fé cristã, você só tem que ler a leitura do dia e meditar sobre ela — *"como sementes lançados ao solo, assim é a Palavra de Deus lançada no coração das pessoas"*, Pastor Agnaldo Almeida.

Caso a pessoa se interesse em saber mais sobre a fé cristã, indique para ela a Escola Bíblica Dominical e o Programa de Discipulado da ADI.

Compartilhe

Creia! Deus irá proporcionar a você e outras pessoas momentos memoráveis!

Não perca a oportunidade compartilhar conosco essas boas experiências, se possível grave esses momentos edificantes e importantes da reunião e envie para nós:

- ✓ WhatsApp +55 11 95898 4333
- ✓ https://www.facebook.com/independenciacomcristo
- ✓ E-mail independenciacristo@gmail.com

Se não puder gravar, escreva-nos seu depoimento relatando os fatos. Nós iremos publicar em nossos canais oficiais os depoimentos gravados ou escritos durante o JOPE.

Uma mensagem para cada dia

Dia 01. Ser abençoado é:

Acreditar!

Hebreus 11.1-2: *A fé é a certeza de que vamos receber as coisas que esperamos e a prova de que existem coisas que não podemos ver. 2 Foi pela fé que as pessoas do passado conseguiram a aprovação de Deus. 3 É pela fé que entendemos que o Universo foi criado pela palavra de Deus e que aquilo que pode ser visto foi feito daquilo que não se vê.*

A fé verdadeira pode nos levar ao encontro de Cristo e a conquistas de milagres, uma pessoa de fé deposita a sua confiança em Deus mesmo quando as circunstâncias são desfavoráveis. A nossa fé deve ser capaz de ultrapassar as multidões que nos cercam e impedem de chegar perto de Deus como aconteceu com o cego Bartimeu (Marcos 10.46-52). As multidões podem ser familiares, círculos sociais ou o nosso próprio pecado.

Dia 02. Abençoado é ser:

Pacificador!

Mateus 5.9: *Felizes as pessoas que trabalham pela paz, pois Deus as tratará como seus filhos.*

Uma pessoa pacificadora deseja e trabalha para que as relações sejam justas, saudáveis e restauradoras. Através das boas maneiras nós demonstramos que somos discípulos de Jesus. Através da paz combatemos a violência, guerras, opressão, injustiça e todas as hostes malignas que tentam destruir tudo que se refere a Deus. Jesus nos ofereceu o caminho da paz e assegurou que os pacificadores serão chamados filhos de Deus.

Dia 03. Abençoado é ser:

Amoroso!

I João 4.19-21: *Nós amamos porque Deus nos amou primeiro. 20 Se alguém diz: "Eu amo a Deus", mas odeia o seu irmão, é mentiroso. Pois ninguém pode amar a Deus, a quem não vê, se não amar o seu irmão, a quem vê. 21 O mandamento que Cristo nos deu é este: quem ama a Deus, que ame também o seu irmão.*

Nenhuma virtude está mais qualificada do que o amor, ele suplanta qualquer requisito. O amor como mandamento principal resume tudo aquilo que o Senhor espera de nós, para que tenhamos comunhão plena com Ele precisamos amá-Lo. O amor que Deus espera de nós é o amor verdadeiro, que se manifesta tanto em situações favoráveis quanto adversas. É o amor que envolve todo o CORAÇÃO, com toda a ALMA, com toda a MENTE e com todas as FORÇAS.

Dia 04. Abençoado é ser:

Equilibrado!

Eclesiastes 7.16,17: *Por isso, não seja bom demais, nem sábio demais; por que você iria se destruir? 17 Mas também não seja mau demais, nem tolo demais; por que você iria morrer antes do tempo?*

Ser uma pessoa equilibrada não é fácil. Só podemos ter equilíbrio quando conhecemos a Deus e abandonamos a hipocrisia. O equilíbrio envolve todas as áreas da vida espiritual e material, inclusive as emoções. Devemos ter controle nas palavras, ações e atitudes. A pessoa equilibrada procura sempre abençoar aos outros e chamar a atenção para suas qualidades com discrição e amor.

Dia 05. Abençoado é ser:

Sábio!

Efésios 5.15 - *Portanto, prestem atenção na sua maneira de viver. Não vivam como os ignorantes, mas como os sábios. 16 Os dias em que vivemos são maus; por isso aproveitem bem todas as oportunidades que vocês têm. 17 Não ajam como pessoas sem juízo, mas procurem entender o que o Senhor quer que vocês façam.*

O sábio encontra felicidade em sua maneira de viver, o seu coração é sincero, bondoso, pacífico e moderado em suas palavras. O sábio muitas vezes é incompreendido, reservado como um hóspede em casa de estranhos, simples como o lenho, prudente nos relacionamentos, evita rivalidades e a ganância, atento como quem atravessa um rio congelado, profundo como as águas do oceano e tranquilo como o vale.

Dia 06. Abençoado é ser:

Generoso!

Provérbios 11.25 - *Quem é generoso progride na vida; quem ajuda será ajudado.*

A generosidade deve ser uma marca de todo cristão. I Timóteo 6. 18. Os judeus acreditavam que era fundamental praticar a generosidade (Deuteronômio 15.7-11). Deus considera o que passa no coração e mente de quem pratica a caridade, quais são suas verdadeiras motivações. Promover um ato de caridade objetivando a promoção pessoal, elogios e admiração das pessoas é totalmente errado, segundo o ensino de Jesus. Quando alguém dá uma esmola e 'toca a trombeta' para ser visto por outras pessoas, já recebeu sua recompensa ao ser glorificado pelos homens. Como cristãos devemos praticar a generosidade sem buscar o reconhecimento das pessoas, apenas a recompensa que vem de Deus.

Dia 07. Abençoado é ser:

Cheio do Espírito Santo!

Efésios 5.18,19 - *Não se embriaguem, pois a bebida levará vocês à desgraça; mas encham-se do Espírito de Deus. 19 Animem uns aos outros com salmos, hinos e canções espirituais. Cantem, de todo o coração, hinos e salmos ao Senhor.*

Ser cheio do Espírito Santo não é opcional, mas uma necessidade para glorificar a Deus; viver em santidade; servir no reino de Deus. Uma vida cheia do Espírito não é anormal, é a vida normal do cristão, 90% é abaixo do normal, é menos que Deus quer dar e pode prover para seus filhos. Por isso nunca devemos pensar que ficar cheio do Espírito é uma experiência incomum ou singular, conhecida só por alguns poucos escolhidos. É destinada a todos, todos a precisam, e todos a podem Ter. É por isto que a Escritura nos ordena: *"encham-se do Espírito de Deus"*.

Dia 08. Abençoado é ser:

Honesto!

Provérbios 19.1 - *É melhor ser pobre e honesto do que mentiroso e tolo.* Efésios 4.28 - *Quem roubava que não roube mais, porém comece a trabalhar a fim de viver honestamente e poder ajudar os pobres.*

A honestidade ainda é a melhor política. Duas meias-verdades não formam necessariamente uma verdade. Tome cuidado com meias-verdades, pois você pode acabar enrolado na metade errada. A mentira tem pernas curtas; precisa sempre do apoio de outras mentiras para se sustentar. Não existe substituto conhecido para a verdade. Não existe substituto aceitável para a honestidade. E não existe justificativa válida para a desonestidade.

Dia 09. Abençoado é ser:

Justo!

Provérbios 21.3 - *Faça o que é direito e justo, pois isso agrada mais a Deus do que lhe oferecer sacrifícios.*

Ninguém é justo. Todos pecaram, fizeram erros. Mas Jesus morreu para nos justificar (tornar justos). Agora quem crê em Jesus e se arrepende se torna justo, porque tem Jesus dentro de seu coração. Jesus nos ajuda a ser justos, escolhendo o que é certo. **O grande privilégio, que temos como cristãos, é saber que somos perdoados e que o perdão nos alcança através de Jesus Cristo.** Zaqueu se enriqueceu à custa do povo e tentou justificar-se e mostrar a sua boa consciência, porém Jesus o interrompeu com as palavras: *"Hoje a salvação entrou nesta casa"* (Lucas 19.9). Todos os homens podem se beneficiar desta expiação única, I João 2.2 - *É por meio do próprio Jesus Cristo que os nossos pecados são perdoados. E não somente os nossos, mas também os pecados do mundo inteiro.*

Dia 10. Abençoado é ser:

Feliz!

Salmos 1.1-3 - *Felizes são aqueles que não se deixam levar pelos conselhos dos maus, que não seguem o exemplo dos que não querem saber de Deus e que não se juntam com os que zombam de tudo o que é sagrado! 2 Pelo contrário, o prazer deles está na lei do SENHOR, e nessa lei eles meditam dia e noite. 3 Essas pessoas são como árvores que crescem na beira de um riacho; elas dão frutas no tempo certo, e as suas folhas não murcham. Assim também tudo o que essas pessoas fazem dá certo.*

A Felicidade é o que toda a humanidade quer obter: o desejo dela está profundamente plantado no coração humano. Entendemos que os cristãos devem ser gente muito feliz! Por isso, hoje precisamos mais de verdadeiros e leais cristãos do que propriamente de mais cristãos. O mundo pode fazer objeção ao cristianismo como uma instituição, mas não há argumento que prevaleça diante duma pessoa que pelo Espírito de Deus se tenha tornado semelhante a Cristo e descoberto a verdadeira felicidade em Deus.

Dia 11. Abençoado é ser:

Orar pelos outros!

Tiago 5.16 - *Portanto, confessem os seus pecados uns aos outros e façam oração uns pelos outros, para que vocês sejam curados. A oração de uma pessoa obediente a Deus tem muito poder.*

Devemos ter o mesmo sentimento de Ester. Não aceitar que os inimigos destruam nossas casas, famílias, amigos, bens, pessoas de perto ou de longe. Não podemos simplesmente dizer que o 'problema não é nosso'. Sejamos como Ester 8.6 – *Pois eu não poderei suportar a destruição do meu povo e a morte dos meus parentes!* A igreja de Cristo não pode estar insensível a destruição de pessoas ao seu redor. Parentes, amigos, a Nação e o mundo estão sob um decreto de destruição. Se a igreja não interceder por essas pessoas, certamente serão destruídas. A oração intercessória pode reverter o decreto de morte e trazer um contra decreto pela vida.

Dia 12. Abençoado é ser:

Obediente!

I Pedro 1.14 - *Sejam obedientes a Deus e não deixem que a vida de vocês seja dominada por aqueles desejos que vocês tinham quando ainda eram ignorantes.* Efésios 5.21 - *Sejam obedientes uns aos outros, pelo respeito que têm por Cristo.*

Cristo é o nosso maior exemplo de obediência (Filipenses 2.8). A obediência a Palavra de Deus é o caminho para uma vida abençoada (Isaias 1.19,20). A obediência deve ser parte da nossa vida no lar, na igreja, nos relacionamentos, nos negócios, em todas as áreas, exemplo: os filhos que desejam prolongar seus dias na terra devem obedecer aos pais (Efésios 6.2,3); a obediência aos líderes e pastores é uma recomendação bíblica (Hebreus 13.17); a obediência agrada mais a Deus do que os rituais de sacrifícios a fim de agradá-Lo (I Samuel 15.22).

Dia 13. Abençoado é ser:

Bom administrador dos seus dons!

I Pedro 4.10,11 - *Sejam bons administradores dos diferentes dons que receberam de Deus. Que cada um use o seu próprio dom para o bem dos outros! 11 Quem prega pregue a palavra de Deus; quem serve sirva com a força que Deus dá. Façam assim para que em tudo Deus seja louvado por meio de Jesus Cristo, a quem pertencem a glória e o poder para todo o sempre! Amém!*

Todos os crentes em Jesus receberam de Deus um dom (presente, carisma). Nós devemos conservar e exercitar esses dons que recebemos, como no caso de Timóteo (I Timóteo 4.14) que deveria manter acesa a chama do amor pelo ministério pastoral que recebera dos apóstolos – servir ao Senhor no ministério cristão é uma grande honra! Deus conhece o coração de cada pessoa, Ele sabe quem é fiel, autêntico e que valoriza o presente que ele dá. Deus sabe quem está valorizando o seu dom e quem o negligencia, a igreja em Filadélfia disse o Senhor (Apocalipse 3.8,11). Quando compreendemos o significado dos dons e realizamos o nosso serviço para o bem de todos (Efésios 4.11,12). Os dons devem ser exercitados, Deus nos deu dons para usarmos em benefício da Sua igreja, cada dom com sua especificidade contribui para a unidade da igreja (Romanos 12.6, 11).

Dia 14. Abençoado é ser:

Coragem!

Salmos 27.1,14 - *O SENHOR Deus é a minha luz e a minha salvação; de quem terei medo? O SENHOR me livra de todo perigo; não ficarei com medo de ninguém. 14 Confie no SENHOR. Tenha fé e coragem. Confie em Deus, o SENHOR.*

Onde foi que Davi adquiriu tamanha coragem? Ele aprendeu confiando em Deus. O gigante Golias que amedrontou o exército israelita foi facilmente vencido por Davi. Isso foi possível porque Davi treinou suas habilidades quando ninguém estava vendo, ele se preparou para a realidade e teve coragem para fazer o que outros temeram. Deus honra os corajosos e convictos que não titubeiam diante da adversidade

Dia 15. Abençoado é ser:

Visionário!

João 4.35 - *Vocês costumam dizer: "Daqui a quatro meses teremos a colheita." Mas olhem e vejam bem os campos: o que foi plantado já está maduro e pronto para a colheita.*

Permita-me perguntar: O que as pessoas têm falado com você? Por que elas te procuram? As pessoas falam com você o que elas veem em você. Se elas te procuram para falar de fofocas, é porque veem em você um fofoqueiro. Isso é mal, mas vamos continuar. Se elas falam sobre futebol, é por que acreditam que essa é sua prioridade. Se elas te procuram para falar de problemas que estão passando é por que acreditam que você pode ajudar. Preste atenção para o quê às pessoas te procura talvez você esteja transmitindo uma imagem que não reflete sua real identidade. Se você for visionário, os visionários te procurarão, se for uma pessoa organizada, os organizados te procurarão, se for um idealizador os sonhadores te buscarão. Permita que as pessoas enxerguem em você suas potencialidades. Os servos de faraó foram levados por Deus até José porque José possuía os atributos que eles precisavam. Quando você compartilha com alguém os seus conhecimentos, habilidades, capacidade e pretensões, no momento certo Deus coloca na mente da pessoa que você pode exercer o tal trabalho.

Dia 16. Abençoado é ter:

Poder e Autoridade!

Lucas 9.1,2 - *Jesus chamou os doze discípulos e lhes deu poder e autoridade para expulsar todos os demônios e curar doenças. 2 Então os enviou para anunciarem o Reino de Deus e curarem os doentes.*

Muitos cristãos vivem toda a vida sem ter consciência da sua posição no mundo espiritual. É fato que a igreja do Senhor é poderosa, nós sabemos disso. Mas, além de poderosa ela tem autoridade para sujeitar o mundo espiritual ao seu comando. Esse poder não é conquistado através das qualidades humanas dos seus membros, ele vem de Deus. Paulo afirmou que a nossa luta não é contra os seres humanos (Ef 6.12). A autoridade sobre os demônios não é do pastor, evangelista ou líder, ela pertence a todos os cristãos (Mc 16.15-18). Em nome de Jesus expulsarão os demônios, anularão o poder do diabo em qualquer área de suas vidas. Assuma a sua posição de estar no lugar elevado onde Deus quer que esteja. Efésios 1.22,23.

Dia 17. Abençoado é ser:

Fiel!

Mateus 24.45 - *Jesus disse ainda: - Sabemos que é o empregado fiel e inteligente que o patrão encarrega de tomar conta dos outros empregados, para dar a eles os mantimentos no tempo certo. 46 Feliz aquele empregado que estiver fazendo isso quando o patrão chegar!*

O que se espera das pessoas que se dizem cristãos é que sejam fiéis (I Coríntios 4.2). Não podemos nos esquecer que a obra do Espírito de Deus é nos preparar para a eternidade, isso implica em ser fiel ao Senhor. Por vezes, ficamos tão envolvidos nas coisas terrenas que perdemos a eternidade de vista. De acordo com Mateus 25.21, o propósito de Deus é nos retribuir segundo a nossa fidelidade para com Ele. O empregado foi recompensado porque foi fiel ao receber uma tarefa, mesmo distante do olhar do seu senhor, ele não deixou de cumprir as suas obrigações. Você tem sido fiel em suas obrigações? A nossa fidelidade determina o que haveremos de receber de Deus nessa vida e na eternidade.

Dia 18. Abençoado é ser:

Perdoador!

Marcos 11.25,26 - *E, quando estiverem orando, perdoem os que os ofenderam, para que o Pai de vocês, que está no céu, perdoe as ofensas de vocês. 26 [Se não perdoarem os outros, o Pai de vocês, que está no céu, também não perdoará as ofensas de vocês.]* Mateus 18.21,22 - *Então Pedro chegou perto de Jesus e perguntou: - Senhor, quantas vezes devo perdoar o meu irmão que peca contra mim? Sete vezes? 22 - Não! - respondeu Jesus. - Você não deve perdoar sete vezes, mas setenta e sete vezes.*

O perdão é uma determinação bíblica (Efésios 4.32) e quando você se recusa perdoar está cometendo pecado (Tiago 4.17), pois está deixando de praticar o bem. Jesus ensinou na oração sacerdotal que devemos pedir perdão a Deus do mesmo modo que perdoamos os que nos ofendem (Mateus 6.12). Se você deseja ser abençoado deve aprender a perdoar como Cristo te perdoou.

Dia 19. Abençoado é ser:

Boas virtudes!

Gálatas 5.22,23 – *Mas o Espírito de Deus produz o amor, a alegria, a paz, a paciência, a delicadeza, a bondade, a fidelidade, 23 a humildade e o domínio próprio. E contra essas coisas não existe lei.*

As virtudes naturais podem ser adquiridas pelo exercício e aperfeiçoamento de dons e habilidades naturais. Mas, as virtudes espirituais são alcançadas através de Deus, elas são presentes obtidos pela graça e para alcança-la devemos estar em comunhão com Deus. Jesus nos deixou vários exemplos de virtudes através do seu estilo de vida e a sua disposição para oferecer, aceitar, ser, viver e morrer por sua obra. Sendo cristãos, nós podemos e devemos imitar, com a graça de Deus, as mesmas virtudes que fluíram através de Jesus em sua obra. C.S. Lewis disse o seguinte: *"o filho de Deus tornou-se um homem para permitir que os homens se tornassem filhos de Deus."*

Dia 20. Abençoado é ser:

Amigo!

Provérbios 17.17 - *O amigo ama sempre e na desgraça ele se torna um irmão.* João 15.13,14 - *Ninguém tem mais amor pelos seus amigos do que aquele que dá a sua vida por eles. 14 Vocês são meus amigos se fazem o que eu mando.*

Um amigo é uma das maiores bênçãos na terra. Afeição é melhor que o ouro. Empatia é melhor do que propriedades. Pobre é o homem que não tem amigos. Um amigo verdadeiro é escasso e raro. Há muitos que irão comer, beber e rir conosco na luz do sol da prosperidade. Há poucos que permanecerão ao nosso lado nos dias de escuridão, há poucos que nos amarão quando estivermos doentes, desamparados e pobres, há poucos, acima de tudo, que cuidarão de nossas almas. Você tem um amigo? Jesus é o melhor amigo e te convida para serem amigos.

Dia 21. Abençoado é ser:

Membro de uma igreja

Salmos 84.10 - *É melhor passar um dia no teu templo do que mil dias em qualquer outro lugar. Eu gostaria mais de ficar no portão de entrada da casa do meu Deus do que morar nas casas dos maus.* Hebreus 10.25 - *Não abandonemos, como alguns estão fazendo, o costume de assistir às nossas reuniões. Pelo contrário, animemos uns aos outros e ainda mais agora que vocês veem que o dia está chegando.*

Como contestar a seguinte pergunta: *"Eu amo a Deus, mas não creio ser necessário congregar numa igreja".* Não existe cristianismo solitário. A vida cristã se vive em comunidade. Na igreja, somos contagiados uns pelos outros na comunhão em Cristo (I Coríntios 12.26). Temos uma conexão orgânica como corpo de Cristo, cada pessoa desenvolve uma função particular e tem a sua importância. Um membro separado do corpo por muito tempo corre sério risco de morte espiritual. Faça parte da igreja, não deixe de congregar. Procure se informar sobre as ações, programas e agenda semanal da igreja. Congregue ativamente!

Dia 22. Abençoado é ser:

Humilde!

Provérbios 15.33 - *Quem teme o SENHOR está aprendendo a ser sábio; quem é humilde é respeitado.* Mateus 5.5 - *Felizes as pessoas humildes, pois receberão o que Deus tem prometido.*

Embora a humildade seja pouco pregada e praticada, ela é uma condição necessária para aqueles que desejam ser abençoados. Jesus nos ensinou que para fazer parte do seu reino é necessário ser humilde (Mateus 11.29; 20.26-28). Precisamos aprender essa lição com Jesus que nos chama para ser servos uns dos outros. Ser nobre no reino de Deus é ser humilde. Você se considera uma pessoa humilde? Ser humilde como Jesus atrairá bênçãos incomparáveis sobre a sua vida (I Pedro 5.6).

Dia 23. Abençoado é ser:

Conquistador!

Salmos 108.13 - *Com Deus do nosso lado, venceremos; ele derrotará os nossos inimigos.* Filipenses 3.12 - *Não estou querendo dizer que já consegui tudo o que quero ou que já fiquei perfeito, mas continuo a correr para conquistar o prêmio, pois para isso já fui conquistado por Cristo Jesus.*

A igreja é um exército de conquistadores. Nós estamos em constante batalha, nós lutamos contra principados, potestades e todo poder destrutivo que se levante contra o Reino de Deus. A batalha principal acontece no mundo espiritual e se estende ao mundo físico. A igreja conquistadora luta para vencer, ela não duvida do poder de Deus, ela tem estratégias de guerra bem definidas e segue a ordem do supremo general, Cristo Jesus. Todo o dia Deus está falando pelo Espírito Santo às igrejas que se preparem para a batalha, Deus está buscando por homens e mulheres comprometidos com o Seu Reino que queiram vencer e conquistar Cidades e Nações. Faço uma pergunta para você: que tipo de conquistador você é no Reino de Deus? A igreja como exército do Reino necessita de conquistadores, homens e mulheres, crianças e jovens que não se deixam influenciar pelo sistema mundano, mas que sejam capazes de lutar com todas as suas armas pelo Reino de Deus (II Timóteo 2.3,4).

Dia 24. Abençoado é ser:

Perseverante!

Provérbios 25.15 - *A paciência convence até as autoridades; a perseverança pode vencer qualquer dificuldade.* Tiago 1.12 - *Feliz é aquele que nas aflições continua fiel! Porque, depois de sair aprovado dessas aflições, receberá como prêmio a vida que Deus promete aos que o amam.*

As pessoas que não perseveram são como as sementes lançadas entre as pedras. Elas começam com entusiasmo, mas logo desistem porque não estão totalmente enraizadas em Cristo (Mateus 13.5,6). A perseverança marca a diferença entre o fracasso e o êxito, na vida cristã não basta vencer uma prova, ter êxito num determinado momento. Para receber a recompensa do Senhor, o crente tem que vencer toda a maratona (Mateus 10.22). A perseverança é uma virtude pela qual todas as outras virtudes dão seus frutos. Na vida cristã quatro áreas se destacam e nas quais o crente deve exercitar-se com perseverança: a fé (Lucas 18.8b); a oração (Lucas 18.1); a comunhão eclesial (Atos 2.42,46); o serviço cristão (I Coríntios 15.58). Há inúmeras passagens na Bíblia sobre a importância em servir ao Senhor. Todos os personagens bíblicos que venceram, só foram capazes de tal proeza porque perseveraram em servir ao Senhor. Cristo tem uma palavra para aquele que perseverar até o fim em Apocalipse 2.10.

Dia 25. Abençoado é ser:

Leitor da Bíblia!

Salmos 119.97-99 - *Como eu amo a tua lei! Penso nela o dia todo. 98 O teu mandamento está sempre comigo e faz com que eu seja mais sábio do que os meus inimigos. 99 Eu entendo mais do que todos os meus professores porque medito nos teus ensinamentos.*

Tudo o que fazemos ou dissemos é resultado do que está na nossa mente. As nossas decisões e atitudes refletem o que foi gerado na mente, dependendo da fonte geradora nós refletimos o bem ou o mal. Para que a natureza do Espírito de Deus reflita através de nós é necessário se alimentar da Palavra de Deus, o salmista entendeu o quanto era importante meditar na Palavra de Deus (Salmo 119.97). Deixe que a Palavra de Deus ocupe a sua mente. O processo é simples, basta viver em comunhão com Deus e conhecer a sua Palavra de Deus. Se você estiver distante de Deus não saberá o que Ele deseja para a tua vida, a meditação na Palavra tornará conhecido os planos de Deus para a tua vida.

Dia 26. Abençoado é ser:

Dizimista e ofertante!

Gênesis 20.22 - *Esta pedra que pus como pilar será a tua casa, ó Deus, e eu te entregarei a décima parte de tudo quanto me deres."* II Coríntios 9.6 - *Lembrem disto: quem planta pouco colhe pouco; quem planta muito colhe muito.* I Crônicas 29.14 - *No entanto, o meu povo e eu não podemos, de fato, te dar nada, pois tudo vem de ti, e nós somente devolvemos o que já era teu.*

Nenhum cristão deve ficar isento de ofertar, pois todos recebemos de Deus as suas bênçãos, por isso devemos ofertar e entregar nossos dízimos em favor da igreja do Senhor. O que vale não é o que as pessoas dizem sobre a tua oferta, mas o que Deus diz. Você não deve estar preocupado com o que estão dizendo ou pensando sobre você, se estão te elogiando ou criticando pelo serviço que faz ou pelas ofertas que dá na igreja. A sua preocupação deve ser a seguinte: Deus está se alegrando do que eu tenho feito? Contribua com alegria proporcionalmente ao que recebe do Senhor. Seja sempre generoso na medida em que Deus lhe abençoa. Mas, antes de contribuir, pense: Você está dizimando e ofertando de coração? Você depositou a sua confiança em Deus? Se você deseja desfrutar do prazer de Deus pelo que fazes, faça-o com alegria porque Deus ama quem dá com alegria (II Coríntios 9.7b).

Dia 27. Abençoado é ser:

Esperançoso!

Salmos 33.20 - *Nós pomos a nossa esperança em Deus, o SENHOR; ele é a nossa ajuda e o nosso escudo.*

O que Abraão fez enquanto o Senhor não lhe deu um filho? Ele esperou em Deus. Mesmo que em determinados momentos ele tenha vacilado ao ter um filho com sua serva Hagar ou descido ao Egito sem consentimento de Deus, mas no final ele estava no lugar certo onde Deus queria e por isso foi recompensado com o nascimento de Isaque. Esse tempo de espera eu acredito que tenha sido o tempo de preparação e aprendizado para que Abraão valorizasse o nascimento e a vida de Isaque (Hebreus 11.21,22). Ninguém espera por algo ou alguém se não valer a pena. Abraão esperou porque sabia que Deus tinha algo importante para lhe dar e que valia a pena esperar.

Dia 28. Abençoado é ser:

Boa influência!

Mateus 5.14-16 - *Vocês são a luz para o mundo. Não se pode esconder uma cidade construída sobre um monte. 15 Ninguém acende uma lamparina para colocá-la debaixo de um cesto. Pelo contrário, ela é colocada no lugar próprio para que ilumine todos os que estão na casa. 16 Assim também a luz de vocês deve brilhar para que os outros vejam as coisas boas que vocês fazem e louvem o Pai de vocês, que está no céu.*

Nós, os crentes em Jesus, fomos chamados para influenciar o mundo com a nossa fé, dedicação e compromisso com Deus. Jesus exigiu dos seus seguidores que fizessem a diferença, que fossem capazes de mudar um sistema, uma cultura e estabelecer o Seu Reino na terra. A minha pergunta é: estamos influenciando e fazendo a diferença em nossa geração? Somos conhecidos como discípulos de Jesus ou por outras nomenclaturas? Toda pessoa, no mínimo que seja, é capaz de influenciar alguém de um modo ou outro. Em qualquer lugar ou qualquer atividade que exerça irá influenciar as pessoas, as reações são diversas cada pessoa age de modo diferente. Você sempre estará influenciando alguém ou sendo influenciado para o bem ou mal, para coisas positivas ou negativas. Aquilo que você considerar irá definir o nível de influência que você exerce ou que estão exercendo sobre você.

Dia 29. Abençoado é ser:

Rico!

Deuteronômio 8.17,18 - *Portanto, não pensem que foi com a sua própria força e com o seu trabalho que vocês conseguiram todas essas riquezas. 18 Lembrem do SENHOR, nosso Deus, pois é ele quem lhes dá força para poderem conseguir riquezas. Vocês estão vendo que assim ele está cumprindo a aliança feita por meio de juramento com os nossos antepassados.*

A nossa Nação passa por momentos de crises financeiras há algum tempo, o desemprego é uma preocupação constante. Porém, o povo de Deus quando ora sempre tem uma resposta com provisões. Cristãos abençoados geram uma igreja abençoada. O Senhor promete riqueza ao povo e ao templo (Ageu 2.7-9). A nossa fidelidade à Deus atrai ricas bênçãos (Malaquias 3.10). Deus prepara caminhos e mostra estratégias para o seu povo adquirir riquezas (Isaias 45.2-4).

Dia 30. Abençoado é ser:

Trabalhador!

Provérbios 12.27 – *O preguiçoso não consegue o que deseja, mas o homem trabalhador ficará rico.*

O sábio convida as pessoas para observarem o trabalho das formigas (Provérbios 6.6-9). O homem deve comer seu pão sob o suor do rosto (Gênesis 3.19). Paulo chegou a trabalhar dia e noite para não ser pesado as pessoas (I Tessalonicenses 2.9). Jesus disse que Deus trabalha até hoje e ele também (João 5.17). Os muros da cidade foram reconstruídos nos dias de Neemias porque o povo estava animado para trabalhar (Neemias 4.4-6).

Dia 31. Abençoado é ser:

Comprometido!

Lucas 9.23-24 – *Depois disse a todos: - Se alguém quer ser meu seguidor, que esqueça os seus próprios interesses, esteja pronto cada dia para morrer como eu vou morrer e me acompanhe. 24 Pois quem põe os seus próprios interesses em primeiro lugar nunca terá a vida verdadeira; mas quem esquece a si mesmo por minha causa terá a vida verdadeira.*

Quando olhamos para o cenário no mundo cristão vimos uma grande ausência de compromisso, é cada vez mais comum o abandono da fé cristã, o retroceder nas responsabilidades, etc. Embora outras razões se justifiquem, a verdade é que na maioria das vezes o problema se resume a falta de compromisso. Por que muitas pessoas abandonam a fé cristã? Geralmente, elas costumam culpar aos outros por seus fracassos, mas o que leva uma pessoa abandonar a fé é a falta de comprometimento e submissão a vontade de Deus (João 8.31). Você quer ser abençoado? Seja comprometido com a Palavra de Deus.

Dia 32. Abençoado é ser:

Conhecimento!

II Pedro 1.2,3 - *Que a graça e a paz estejam com vocês e aumentem cada vez mais, por meio do conhecimento que vocês têm de Deus e de Jesus, o nosso Senhor! 3 O poder de Deus nos tem dado tudo o que precisamos para viver uma vida que agrada a ele, por meio do conhecimento que temos daquele que nos chamou para tomar parte na sua própria glória e bondade.*

O conhecimento cristão verdadeiro é necessário, pois nos tornará capazes de solucionar problemas e se proteger contra qualquer ataque a nossa fé. Se você está numa estrada e o carro quebra, sem conhecimento terá que aguardar por socorro, mas se você for capaz poderá resolver o problema e continuar a sua viagem. A igreja do Senhor precisa se proteger contra o espírito do anti-intelectualismo, a ignorância acerca da fé pode torna-la legalista e anti-bíblica. O cristianismo de mente vazia é um perigo para a igreja contemporânea. O anti-intelectualismo funciona como uma fuga da responsabilidade que Deus requer acerca do uso da nossa mente, Romanos 12.12. Jesus Cristo veio restaurar o homem e pelo Espírito Santo renovar a sua mente para que cheguemos ao pleno conhecimento da verdade, isso é possível quando pensamos através do conhecimento adquirido, I Coríntios 2.16

Dia 33. Abençoado é ser:

Evangelizador!

Romanos 1.16 - *Eu não me envergonho do evangelho, pois ele é o poder de Deus para salvar todos os que crêem, primeiro os judeus e também os não-judeus.*

A igreja de nosso tempo necessita de uma nova geração de cristãos que guardem e vivam o evangelho; que sofram pelo evangelho; que estejam firmados e enraizados na Palavra de Deus; que não cesse de anunciar a mensagem da cruz. Uma geração que não aceita o evangelho da badalação, da mídia social, da satisfação do ego em primeiro plano, de um Deus e sua Palavra ocupando postos secundários nos corações dos que se dizem cristãos. O evangelho é a solução para um mundo em crise, para lares desestruturados, para aqueles que estão desesperado. O evangelho é vida para todos que estão em Cristo, I João 5.11,12. O evangelho é o tesouro revelado a nós para salvação e garantia da filiação divina, II Timóteo 2.9,10. O evangelho revela quem somos no Reino. A ordem aos discípulos de ir a todo mundo, foi simplesmente para proclamar as boas novas, para convencer todos os homens e para multiplicar os sinais visíveis da graça de Deus, foi para pregar esta transformação radical, o despertar da consciência de culpa e a erradicação da culpa pelo pecado.

Dia 34. Abençoado é ser:

Silencioso!

Provérbios 17.27,28 - *Quem controla as suas palavras é sábio, e quem mantém a calma mostra que é inteligente. 28 Até um tolo pode passar por sábio e inteligente se ficar calado.*

Nós colhemos o que plantamos em forma de palavras. As palavras são como penas levadas ao vento. Elas são também como sementes que estão sendo semeadas, o que você plantar (fala) hoje é o que irá colher amanhã. Façamos um balanço diário do que falamos ao longo do dia, para ver se não estamos ferindo mais do que restaurando e edificando com nossas palavras. A disciplina da língua depende de um exercício contínuo e muito autocontrole. Vencer a tentação de falar da vida alheia deve ser nosso objetivo sempre. Spurgeon declarou: *"Não creia em metade do que você ouve; não repita metade do que você crê; quando ouvir uma notícia negativa, divida-a por dois, depois por quatro, e não diga nada sobre o restante dela".*

Dia 35. Abençoado é ser:

Não viver do passado!

Lucas 9.61,62 - *Outro homem disse: - Eu seguirei o senhor, mas primeiro deixe que eu vá me despedir da minha família. 62 Jesus respondeu: - Quem começa a arar a terra e olha para trás não serve para o Reino de Deus.*

Não devemos voltar nossos olhos para as coisas que deixamos para trás, Filipenses 3.13,14. A Bíblia conta a história de Ló e sua família que deveriam correr para se salvarem, do mesmo modo que a igreja corre em direção à Cristo, nossa salvação, Hebreus 12.1-2. A mulher de Ló não perseverou na hora certa, na reta final, se tivesse perseverado por mais um pouco ela estaria salvo com sua família. Você não pode parar ou olhar para trás, Hebreus 10.35-3. A mensagem ecoa aos ouvidos da Igreja de Cristo ainda hoje: corra e salve a sua vida! Não olhe para trás, nem pare – Gn 19.17

Dia 36. Abençoado é ser:

Focado!

Hebreus 12.1,2a - *Assim nós temos essa grande multidão de testemunhas ao nosso redor. Portanto, deixemos de lado tudo o que nos atrapalha e o pecado que se agarra firmemente em nós e continuemos a correr, sem desanimar, a corrida marcada para nós. 2 Conservemos os nossos olhos fixos em Jesus ...*

A história de Neemias é marcada por muitos desafios e enfrentamentos contra Sambalate, Tobias, o árabe Gesém, autoridades e oficiais do povo que a todo o momento tentavam desestabilizar a sua liderança e impedi-lo de reconstruir a Cidade. Os inimigos de Neemias não eram as Nações vizinhas, mas pessoas do seu próprio povo que se alimentavam da miséria dos mais pobres. Eles usaram várias estratégias para tentar tirar o foco de Neemias, por cinco vezes Neemias lhes respondeu a mesma coisa, Neemias 6.3. Do mesmo, o inimigo de nossas almas usa de estratégias para roubar o nosso foco e nos afastar dos propósitos de Deus nas mais diversas áreas: família; ministério;

profissional; relacionamentos; espiritual. Quando Neemias sentiu-se acuado pelos inimigos ele orou ao Senhor, que nós façamos o mesmo, pois somente com a ajuda de Deus poderemos superar qualquer adversidade.

Dia 37. Abençoado é ser:

Discipulador!

Mateus 28.19 - *Portanto, vão a todos os povos do mundo e façam com que sejam meus seguidores, batizando esses seguidores em nome do Pai, do Filho e do Espírito Santo*

Deus quer que a igreja pratique o discipulado. O discipulado é um processo paulatino e constante, começa na conversão e dura por toda a vida. Deus está clamando por pais espirituais nas igrejas, pessoas que saibam criar seus filhos espirituais na fé em Cristo. Deus não busca chefes que imponham suas regras ditatorialmente em detrimento de outros. O que precisamos são pais que ensine os discípulos a se tornarem como Jesus, ao invés de perder tempo com seus estudos teológicos de menor importância. João 17.20-23; Efésios 2.14-22. Que sejamos como um corpo que represente a Cristo, o cabeça da igreja. Que sejamos uma família, um povo. Jesus nunca pensou em um modelo de igreja parecido com um convento, mas em uma igreja que seja como o sal e a luz. Assim como o sal altera o sabor de um alimento, a igreja deve influenciar o mundo a sua volta com a sua maneira de ser, pensar e agir; ela também deve preservar tudo o que é bom e seus valores em um mundo contaminado que se deteriora a cada dia. A luz não imite som, mas aonde chega dissipa as trevas e muda o ambiente à sua volta (Mateus 5.13-16; Filipenses 2.12-16).

Dia 38. Abençoado é ser:

Boa esposa e mãe!

Provérbios 31.10,28,29 – *10 Como é difícil encontrar uma boa esposa! Ela vale mais do que pedras preciosas! 28 Os seus filhos a respeitam e falam bem dela, e o seu marido a elogia. 29 Ele diz: "Muitas mulheres são boas esposas, mas você é a melhor de todas."*

O livro de I Samuel 1) conta história de Ana, uma mulher que orou por seu objetivo de ser mãe: Ela aprendeu a superar os insultos, a deficiência física (v.6), o espírito atribulado (v.15) e a ansiedade (v.16); a sua humildade perante Deus e o Sacerdote fez a diferença (v. 17); ela priorizou a glória de Deus, desejou um filho para servir à Casa de Deus. (v. 27,28), ter filhos não é apenas resultado de um relacionamento conjugal entre homem e mulher, mas uma benção de Deus (v. 20,27); Ela era uma mãe desprendida, não criou seu filho para si, assim que Samuel alcançou a idade ideal ela não retrocedeu em leva-lo ao sacerdote para servir no Templo de Deus, ela entendeu que o seu filho não lhe pertencia porque era do Senhor (v. 22,28); anos mais tarde ela retorna a Siló e relembra o profeta Samuel da sua petição (v. 26-28). Mães submissas ao Senhor causam grandes impactos na vida dos seus filhos. A obediência de Ana e o cumprimento do seu voto ao Senhor lhe proporcionou novos filhos (I Samuel 2.21).

Dia 39. Abençoado é ser:

Bom esposo e pai!

Salmos 128.1-4 - *Feliz aquele que teme a Deus, o SENHOR, e vive de acordo com a sua vontade! 2 Se você for assim, ganhará o suficiente para viver, será feliz, e tudo dará certo para você. 3 Em casa, a sua mulher será como uma parreira que dá muita uva; e, em volta da mesa, os seus filhos serão como oliveiras novas. 4 Quem teme ao SENHOR certamente será abençoado assim.*

Há vários exemplos bíblicos que homens que se dedicaram pelo bem-estar da sua família: Marcos 9.20-23, conta a história de um pai desesperado e incapaz de salvar seu filho que suplica para que Jesus o liberte; Jó tinha uma vida dedicada a oração pela família (Jó 1.5); Noé ensinava a obediência a Deus para seus filhos (Hebreus 11.7); A história de vida de Abraão impactou sua família e ensinou-lhes sobre liderança (Gênesis 18.17-19); José ensinou sobre respeito e honra quando protegeu sua futura esposa, Maria (Mateus 1.19), mais tarde ele demonstrou amor pela esposa e filho durante a perseguição do rei Herodes (Mateus 2.13-15), levando-os para um lugar seguro. O meu conselho para você – comece a mudar a história da sua família a partir desse dia, faça dela uma fonte abundante de bênçãos que transbordem sobre outras pessoas, se a tua família estiver bem a tua igreja e todas as outras áreas da sua vida também serão abençoadas, Gênesis 18.18.

Dia 40. Abençoado é ser:

Bom filho!

Salmos 127.3-5 - *Os filhos são um presente do SENHOR; eles são uma verdadeira bênção. 4 Os filhos que o homem tem na sua mocidade são como flechas nas mãos de um soldado. 5 Feliz o homem que tem muitas dessas flechas! Ele não será derrotado quando enfrentar os seus inimigos no tribunal.*

O inimigo escolhe as suas vítimas quando eles ainda são novos, ele sabe a importância dos primeiros anos de ensino na vida de uma criança (Provérbio 22.6). As sementes do Evangelho devem ser plantadas nos corações dos filhos desde crianças antes que as circunstâncias e as pressões do mundo formem uma crosta em seus corações e impeçam que a boa semente cresça. Oremos por nossos filhos, pois se eles prevalecerem e vencerem, eles irão para os governos e para as empresas, eles dominarão a tecnologia e a ciência, serão os futuros doutores, mestres, professores, pastores, profetas e apóstolos nesta Nação. Isso representa, um mundo diferente, justo e cheio da presença de Deus. É contra esse futuro que satanás está lutando.

Dia 41. Abençoado é ser:

Forte e louvar em meio as crises!

Habacuque 3.17-19 - *Ainda que as figueiras não produzam frutas, e as parreiras não dêem uvas; ainda que não haja azeitonas para apanhar nem trigo para colher; ainda que não haja mais ovelhas nos campos nem gado nos currais, 18 mesmo assim eu darei graças ao SENHOR e louvarei a Deus, o meu Salvador. 19 O SENHOR Deus é a minha força. Ele torna o meu andar firme como o de uma corça e me leva para as montanhas, onde estarei seguro.*

Habacuque em sua oração nos ensinou o melhor exemplo de como devemos louvar a Deus em meio as crises. A sua confiança estava em Deus e não se estribava nas riquezas, comida, vestimenta ou ausência de perigo. Ele não estava firmado nas situações negativas do dia-a-dia, nada podia roubar seu ânimo para louvar a Deus, pois Deus era toda sua estrutura de sustentação emocional e espiritual.

Dia 42. Abençoado é ser:

Reconhecedor da soberania de Deus!

Jeremias 10.6,7 - *Ó SENHOR Deus, não há ninguém igual a ti. Tu és grande, e o teu nome é poderoso. 7 Quem não te respeitará, ó Rei de todas as nações? Tu mereces todo o respeito. Não há ninguém como tu entre todos os sábios das nações.*

Quando Deus age em favor de alguém é fato que ninguém pode impedir que seus planos sejam estabelecidos. Porém, o impossível acontece não é porque alguém deseja que Deus faça algo e sim quando Deus decide fazer alguma coisa em favor de alguém. Se Deus quiser ele pode realizar coisas extraordinariamente impossíveis em seu favor, isso depende unicamente da vontade Dele. Não é você quem decide o que fazer, é Deus que faz o melhor por você! Quando Deus tem um propósito específico para executar através de alguém ou uma Nação não há poder humano ou espiritual que possa impedi-Lo. Muitas pessoas sonham coisas impossíveis em sua vida, embora nem sempre o que julgam impossível seja de fato irrealizável, as vezes é possível alcançar determinadas coisas através de esforço, dedicação e estudo. Porém, há uma coisa que nenhum poder humano é capaz de realizar – 'garantir o privilégio de alguém experimentar o impossível nesta vida e no futuro a vida eterna'.

Dia 43. Abençoado é ser:

Grato!

Salmos 103.1,2 - *Ó SENHOR Deus, que todo o meu ser te louve! Que eu louve o Santo Deus com todas as minhas forças! 2 Que todo o meu ser louve o SENHOR, e que eu não esqueça nenhuma das suas bênçãos!* I Tessalonicenses 5.18 - *e sejam agradecidos a Deus em todas as ocasiões. Isso é o que Deus quer de vocês por estarem unidos com Cristo Jesus.*

Segundo passagem de Lucas 17.11-19 a maioria das pessoas quando são agraciadas esquecem de agradecer, Jesus não exigiu que voltassem ou que agradecessem, mas elogiou a atitude do estrangeiro que retornou lembrando-se de agradecer. A Bíblia ensina que os que esperam no Senhor são como águias, eles enxergam longe e tem um faro apurado, é capaz de detectar uma conquista a quilômetros ou anos de distância. Por isso, agradecemos a Deus não somente pelo que vimos, ouvimos e sentimos, mas principalmente por coisas que ainda irão acontecer e que parecem distantes de nós nesse momento. Ser agradecido é uma atitude digna do cristão verdadeiro, I Tessalonicenses 5.16-18. Ao adotarmos uma postura de agradecimento a Deus, nós estaremos agindo inteiramente pela fé, Filipenses 4.6,7. Quando agradecemos sempre, nós fazemos isso por entender eu tudo coopera para o nossa bem, Romanos 8.28.

Dia 44. Abençoado é ter:

Certeza da sua salvação!

Efésios 2.8,9 - *Pois pela graça de Deus vocês são salvos por meio da fé. Isso não vem de vocês, mas é um presente dado por Deus. 9 A salvação não é o resultado dos esforços de vocês; portanto, ninguém pode se orgulhar de tê-la.*

Salvação não é uma ideia, é uma pessoa, é o próprio Jesus. Em sua presença todos os debates intermináveis que despertam em nós o sentimento de culpa, todas as diferenças moralistas e nossas defesas contra os julgamentos de outros, tudo isto se esvai. Vemos isto na conhecida história de Zaqueu, que se enriqueceu à custa do povo. Ele tentou justificar-se e mostrar a sua boa consciência; porém Jesus o interrompeu com as palavras: "Hoje houve salvação nesta casa" (Lc 19.9). Salvação não é mais uma ideia remota de perfeição, para sempre inacessível, é uma pessoa, Jesus Cristo, que veio a nós, veio para ficar conosco, em nossas casas, em nossos corações. Todas as pessoas podem se beneficiar desta expiação única, "todo o mundo" como João afirmou (1 João 2:2). Jesus Cristo morreu por todos sem qualquer distinção, para homens de todas as idades e regiões, para hindus, para budistas, para muçulmanos, para pagãos e para ateus, basta que nele creiam.

Dia 45. Abençoado é ser:

Solidário!

Tiago 2.13-16 - *Quando Deus julgar, não terá misericórdia das pessoas que não tiveram misericórdia dos outros. Mas as pessoas que tiveram misericórdia dos outros não serão condenadas no Dia do Juízo Final. 14 Meus irmãos, que adianta alguém dizer que tem fé se ela não vier acompanhada de ações? Será que essa fé pode salvá-lo? 15 Por exemplo, pode haver irmãos ou irmãs que precisam de roupa e que não têm nada para comer.*

16 Se vocês não lhes dão o que eles precisam para viver, não adianta nada dizer: "Que Deus os abençoe! Vistam agasalhos e comam bem."

O cristão deve ser solidário como Cristo foi por nós. Nele recebemos a justa recompensa (Efésios 1.3). Quem vive segundo o amor de Deus terá sempre uma vida inundada por esse amor que se revela no dia a dia, no modo como tratamos as pessoas (Mateus 5.7), uma pessoa misericordiosa não espera recompensas dos homens, mas age desse modo porque ama. O meu próximo nem sempre é aquele que mora na mesma rua onde resido. Meu próximo é qualquer pessoa que esteja em necessidade, cuja necessidade conheço e tenho capacidade de atender (Lucas 10.25-37). Jesus é o nosso grande exemplo de misericórdia, leia Lucas 7.11-17, João 8.1-11, Mateus 19.14, Marcos 2.15-17.

Dia 46. Abençoado é ser:

Sincero e Verdadeiro!

Provérbios 12.19 - *A mentira tem vida curta, mas a verdade vive para sempre.* Provérbios 22.11 - *Quem ama a sinceridade e sabe falar bem terá a amizade do rei.*

A única maneira de uma pessoa ser verdadeiramente livre é sendo apegada à verdade. João 8:32 assegura: *"E conhecerão a verdade e a verdade os libertará."* A verdade é poderosa e sempre prevalecerá. Os mentirosos não possuem amigos verdadeiros. A Bíblia aconselha: *"Que o amor e a fidelidade jamais o abandonem; prenda-os ao redor do seu pescoço, escreva-os na tábua do seu coração"* (Provérbios 3:3). M. Runbeck declarou: *"Não existe um poder mais formidável sobre a terra do que a verdade."* Seja sincero e verdadeiro para que a sua vida não se torne um tédio.

Dia 47. Abençoado é ser:

Doador!

Deuteronômio 28.12,13 - *Deus abrirá o céu, onde guarda as suas ricas bênçãos, e lhes dará chuvas no tempo certo e assim abençoará o trabalho que vocês fizerem. Vocês emprestarão a muitas nações, porém não tomarão emprestado de ninguém. 13 Se obedecerem fielmente a todos os mandamentos do SENHOR Deus que hoje eu estou dando a vocês, ele fará com que fiquem no primeiro lugar entre as nações e não no último; e fará também com que a fama de vocês sempre cresça e nunca diminua.*

Há várias passagens bíblicas relacionadas ao ato de ofertar, dar, contribuir (Atos 20.35; II Coríntios 9.7; Efésios 5.2). Winston Churchill *afirmou que "Ganhamos a vida através do que recebemos, mas construímos uma vida através do que damos". Davi era uma pessoa que entendia o valor espiritual de contribuir,* para ele o ato deveria ser liberal e voluntário (II Samuel 24.20-24). A promessa de Deus para o seu povo é que seriam abençoados em tudo a fim de não precisarem tomar emprestado de outros povos. Essa promessa continua válida para nós, a igreja de Cristo.

Dia 48. Abençoado é ser:

Sofrer e Vencer!

João 16.33 - *Eu digo isso para que, por estarem unidos comigo, vocês tenham paz. No mundo vocês vão sofrer; mas tenham coragem. Eu venci o mundo.* Veja ainda, I Pedro 1.9-11

Deus nos chamou para sermos como águias, um povo destemido, guerreiro e forte com desejo para conquistar sempre, infelizmente a realidade de muitos cristãos é totalmente diferente dessa verdade. O modo como nós reagimos diante de determinadas batalhas diz as pessoas quem realmente somos, ou seja, as nossas atitudes refletem nossas potencialidades ou fragilidades. Muitas pessoas são derrotadas, não pelos gigantes que enfrentam, mas pelas circunstâncias, pelo que ouvem e o modo como se posicionam nas lutas. Jesus disse que no mundo teríamos muitas aflições, mas que deveríamos ter bom ânimo (João 16.33), quer dizer, atitudes de vencedores. Quando falamos da jornada dos israelitas que conquistaram a terra prometida, não podemos esquecer dos percalços que enfrentaram durante a caminhada e na terra prometida. Nós que aceitamos a Cristo recebemos como presente as promessas de Deus para a nossa vida e muitas dessas promessas dizem respeito a passar por provações para conquistar algo, o Senhor promete estar conosco e nos ajudar, então por que temer? (Mateus 28.20)

Dia 49. Abençoado é ser:

Profeta!

Joel 3.10 - *Transformem os seus arados em espadas e das suas foices façam lanças. Que até os fracos digam que são valentes!* II Coríntios 4.13 - *As Escrituras Sagradas dizem: "Eu cri e por isso falei." Pois assim nós, que temos a mesma fé em Deus, também falamos porque cremos.*

A visão do profeta Ezequiel (37) reflete a triste realidade em que vivemos onde pessoas, instituições, inclusive igrejas, estão espiritualmente mortas como no vale de ossos secos. Deus desejava dar vida aqueles ossos secos e para isso Ezequiel tinha que profetizar sobre o vale e liberar o espírito de vida. Deus está a procura de pessoas que se coloquem na brecha para serem usadas como profetas nessa geração (Ezequiel 22.30). A palavra do profeta não poderia ser uma palavra qualquer, tinha que ter autoridade, propósito e ser conforme o Senhor ordenou. Que tipo de palavra Deus tem ordenado para você profetizar sobre a tua vida, família, igreja, sociedade de modo geral?

Dia 50. Abençoado é ser:

Canal de bênçãos!

I Pedro 3.9 - *Não paguem mal com mal, nem ofensa com ofensa. Pelo contrário, paguem a ofensa com uma bênção porque, quando Deus os chamou, ele prometeu dar uma bênção a vocês.*

Deus disse para Abraão que ele seria como um porta-bênçãos na vida de outras pessoas, gerando uma sucessão de bênçãos que se repetiriam sobre Abraão e a quem ele abençoasse. Deus abençoa Abraão; Abraão abençoa Alguém; Alguém é Abençoado por Deus; Alguém abençoa outrem; etc. Você não foi chamado para ser um 'cofre' acumulador de bênçãos, mas um "vaso" canal de bênçãos, cuja fonte é Deus, seja um portador de bênçãos sobre outras pessoas e receba as bênçãos de Deus!